ÉLOGE

DU POUSSIN.

ÉLOGE

HISTORIQUE

DU POUSSIN,

PAR *C. LECARPENTIER,*

PEINTRE ET PROFESSEUR DE L'ACADÉMIE DES ARTS DE DESSIN DE ROUEN, MEMBRE DE PLUSIEURS SOCIÉTÉS LITTÉRAIRES,

Lu dans la Séance publique de la Société libre d'Émulation de Rouen, pour le progrès des Sciences, des Lettres et des Arts.

Vivere qui dederat, nescius ipse mori.

A ROUEN,

De l'Imp. de Vt. GUILBERT, rue Nationale, N°. 29.

1805.

ÉLOGE

HISTORIQUE

DU POUSSIN.

MESSIEURS,

IL est des hommes dont la renommée a tellement publié les vertus et les grands talens, qu'il est impossible de rien ajouter à leur célébrité ; tel est l'artiste incomparable dont je vais vous retracer les grands souvenirs ; *Le Poussin*, dont le nom seul commande le respect et l'admiration.

Le Poussin reçut en naissant toutes les qualités de l'esprit et du corps propres à former un homme qui devoit éclairer son siecle. Il eût été savant dans les sciences comme dans les arts ; mais la nature l'avoit destiné à l'art de la peinture. Elle lui donna par un rare assemblage le jugement le plus sain, joint à l'imagination la plus vive ; il sembloit qu'elle eût pris plaisir à rassembler sur le même homme toutes les connoissances qui eussent contribué à la gloire de plusieurs.

Digne émule de *Raphael*, qu'il surpassa peut-être

A

dans quelques parties de son art , il sut en admirer les beautés sublimes , et profiter des découvertes de ce vaste génie , pour porter la peinture au degré de perfection où celui-ci seroit infailliblement arrivé , si la mort ne l'eût moissonné dès le commencement de sa carriere. *Le Poussin* eut en partage toutes les qualités des grands artistes de l'antiquité , et j'ose dire qu'il vint au monde pour désiller les yeux de ses contemporains , avec des connoissances beaucoup plus grandes en peinture , que celles qu'on avoit eues jusqu'à lui.

Tous ses ancêtres avoient suivi la carriere des armes , et avoient perdu leur fortune dans les guerres civiles , sous les regnes de *Charles IX* , d'*Henri III* et d'*Henri le Grand* , sous lequel devoit naître cet illustre peintre.

C'est après les troubles des nations que paroissent les grands génies. La nature , engourdie pendant ces momens terribles, semble prendre plaisir à reproduire ensuite des hommes extraordinaires. La guerre n'a que le talent de détruire ; mais lorsque des jours plus calmes reparoissent , que les peuples fatigués par une suite de longues calamités , sont gouvernés par un prince qui vient fermer leurs cicatrices et faire fleurir l'olivier de la paix ; alors toutes les inquiétudes cessent ; un gouvernement calme et solide s'éleve triomphant sur les ruines du précédent ; et l'on voit bientôt reparoître avec plus d'éclat les sciences , les lettres et les arts.

La nature n'attendoit que le moment pour faire paroître le grand homme qui devoit être le modele de son art , la gloire de la France et de l'Italie.

Si *Le Poussin* n'eût pas été assez grand de sa propre gloire, je dirois qu'il naquit d'une famille noble et distinguée, originaire de Soissons ; mais les grands talens n'ont pas besoin d'ayeux. Ce fut après le siege de Vernon que *Jean Poussin*, son pere, officier dans l'armée, épousa *Magdeleine Delaisement*, dont il eut *Nicolas Poussin* qui naquit à Andely, en 1594, ville à jamais célebre parmi les cités de la France. Puisse le monument projetté pour perpétuer la mémoire de ce grand homme, s'élever bientôt sous ses murs, et redire à chaque voyageur : „ C'est-là que naquit „ *Le Poussin* qui mérita le surnom de *Raphael* ! „

A peine fut-il sorti de l'enfance que ses parens s'apperçurent bientôt de la vivacité de son esprit, et particulierement de ses grandes dispositions pour le dessin. Malgré leurs réprimandes et celles de ses maîtres, il remplissoit ses livres de figures, et copioit tout ce que le hazard lui procuroit. Sans avoir reçu de principes d'aucun maître, il devoit déjà tout à lui seul, lorsqu'un peintre assez célebre passa par Andely. Celui-ci informé des dispositions précoces de cet enfant, fut curieux de le voir. Frappé de ses connoissances dans un âge si peu avancé, il engage ses parens à lui laisser cultiver les talens que la nature s'étoit plu à lui donner. Il préjugea dès-lors à quel degré de perfection ce jeune homme devoit porter un jour l'art de la peinture. Les conseils de cet artiste augmenterent encore le goût du jeune *Poussin*, qui dès-lors s'adonna tout entier à l'étude de la peinture.

Nous voici arrivés, Messieurs, au moment où *Le Poussin*, ayant déjà des talens, va paroitre sur le théâtre du monde. A peine a-t-il atteint sa dix-huitieme année, qu'il forme le projet de se rendre à Paris pour se perfectionner dans un art qui lui présentoit déjà de grandes difficultés. *Le Poussin* qui s'étoit fait de bonne heure une haute idée de la perfection de la peinture, ne trouva aucun maître qui pût remplir le but qu'il s'étoit proposé ; il en quitta deux en très-peu de tems, qui, quoique jouissant d'une certaine réputation, ne possédoient pas les talens propres à perfectionner ceux du *Poussin.* Il trouve des amateurs chez lesquels il voit pour la premiere fois des estampes de *Raphael* et de *Jules Romain.* A la vue de ces chefs-d'œuvre il se sent enflammé de l'amour du vrai beau : son génie s'aggrandit, et il en saisit tellement les beautés, qu'il sembloit déjà avoir été élevé à l'école de *Raphael*, tant il s'étoit pénétré du grand goût qui caractérise les ouvrages de ce Dieu de la peinture. Il rencontre à Paris un jeune amateur de peinture avec lequel il va en Poitou dans l'espoir d'occuper ses talens ; mais *Le Poussin* bientôt rebuté des dégoûts qu'il y éprouve, se décide à revenir à Paris, où il arrive accablé de fatigues : il est même obligé de retourner chez son pere pour réparer sa santé.

A peine se croit-il rétabli qu'il est entraîné de nouveau par l'amour de son art, il revient à Paris pour la seconde fois, et bientôt après il exécute le projet qu'il avoit formé d'aller à Rome ; mais arrivé à Florence, il est obligé de revenir sur ses pas. Peu de tems après son retour, il est appellé à Lyon, où il se rend avec l'intention d'entreprendre un second voyage en Italie ; mais cette Rome, objet de ses désirs, sembloit fuir devant lui : il rencontre de nouveaux obstacles et revient à Paris. *Le Poussin* toujours occupé de plus en plus de son art, se livre à l'étude de toutes les sciences qui peuvent orner son esprit, il est chargé, en 1623, par les Jésuites de Paris, de faire six grands tableaux à détrempe. Cet ouvrage qu'il exécute avec beaucoup de hardiesse et de talens, lui procure la connoissance d'un des plus grands poëtes de l'Italie, *le Cavalier Marin*. Ce poëte célebre ne tarda pas à découvrir combien *Le Poussin* étoit déjà au-dessus de ses comtemporains. Outre la vivacité de son esprit et sa grande facilité à inventer, il admiroit en lui cette sublimité de génie qui rend propre aux choses extraordinaires. *Le Cavalier Marin* veut qu'il loge avec lui ; c'est alors que *Le Poussin* fit voir par *ses* nouvelles productions combien les avis de ce poëte célebre lui avoient orné l'imagination ; mais au moment où il jouissoit avec plus de délices de la société de ce poëte charmant, celui-ci est obligé de retourner en Italie, et il a la douleur de se séparer de cet ami qu'il veut emmener avec lui. *Le Poussin* est dans l'impossibilité de le suivre, ayant entrepris plusieurs tableaux ; mais à peine les a-t-il terminés qu'il médite un troisieme voyage en Italie. Enfin, au printems de l'année 1624, il entre dans Rome, cette ville fameuse après laquelle il soupiroit depuis si long-tems. Il vole dans les bras *du Cavalier Marin* qui partoit pour Naples réparer sa santé, où il mourut peu de tems après.

Le Poussin, inconsolable de la perte de cet ami, se trouve seul à Rome, sans appui, sans connoissances ; obligé de donner ses tableaux presque pour rien. On ne sera pas peu surpris d'apprendre qu'après avoir peint deux tableaux de l'histoire de Constantin, (1) il eut bien de la peine d'obtenir sept écus de chacun. Il est à considérer, cependant, que *Le Poussin* qui avoit déjà trente ans, étoit arrivé en Italie avec des talens distingués ; mais sa maniere toute différente de celle de l'école contribuoit peu à lui faire des partisans.

Ce grand homme plus occupé de son art qu'à courir après les dons de la fortune, sait se contenter de peu, et ne se rebute point. Admirateur de *Raphael*, il ne se contente pas d'étudier dans les ouvrages de ce maître, il veut aller à la source où ce peintre divin avoit perfectionné ses grands talens. Dès ce moment, il ne cesse plus de dessiner d'après l'antique, et il observe tout avec le jugement que la nature lui avoit prodigué. Il se retire seul dans les lieux les plus écartés de Rome, pour y considérer avec plus de liberté les monumens dont cette ville est remplie, et pour saisir les beaux effets de la nature qu'il a rendu avec tant d'art dans ses admirables paysages.

C'est là qu'il puise ce goût exquis qui caractérise tous ses tableaux. C'est dans les bas-reliefs antiques qu'il prend une connoissance exacte des habillemens des différens peuples, de leurs usages, de leurs armures diverses, et cette multitude de beaux ornemens qu'il savoit employer avec un discernement si juste.

Lorsque *Le Poussin* arriva à Rome, l'art de la peinture étoit déjà sur son déclin. On n'y suivoit plus les

---

(1) Ces deux tableaux furent ensuite vendus mille écus.

grands principes de *Raphael* et de son école. Les éleves des *Carraches* s'en éloignoient par des routes différentes. L'école de Rome étoit divisée entre deux partis opposés ; celui du *Josephin*, et de *Michel Ange de Caravage*. La maniere forte et hardie, mais triviale, de ce dernier entraînoit avec elle les premiers amateurs et les meilleurs artistes. *Le Guide*, soutenu par le rival du *Caravage*, cherchoit à se faire des partisans par une maniere claire et agréable tout-à-fait opposée à celle du *Caravage*, et par un certain charme de pinceau qui lui étoit particulier. *L'Albane* étoit en possession des graces ; le savant, mais timide et infortuné *Dominiquin*, n'éprouvoit que des dégoûts après avoir fait son chef-d'œuvre de *la Communion de Saint - Jérôme*, que *Le Poussin* regarda toujours comme une des trois merveilles de Rome. *Lenfranc*, avec une maniere grande et colossale, attiroit tous les regards sur sa coupole de *Saint-André - de - la - Vallée*, et sur celle de *Saint-Charles-des-Catinares* qu'il venoit d'achever.

Le Poussin eut alors à combattre une ligue terrible formée contre le bon goût et la pureté de l'art ; mais la nature, dans ses décrets éternels, l'avoit fait naître pour relever la peinture dont on peut l'appeller le SECOND RESTAURATEUR, tant il prit de peine et de soins pour arriver à la grande idée qu'il s'étoit faite de la perfection de cet art ; enfin, à force de travail et de constance, *Le Poussin* parvint à se faire connoître à Rome. Il ramene, par son exemple, tous les artistes devant le tableau du *Dominiquin* qu'il ne peut se lasser d'admirer, et dont il s'efforce de faire sentir aux autres les sublimes beautés. Il parvient à faire rendre à ce grand peintre toute la justice qu'il mérite, mais que l'envie et l'ignorance lui avoient ravi. C'est alors que *Le Poussin* fit paroître son fameux tableau de la mort de *Germanicus*, dont il a rendu les expressions si nobles et si touchantes, que cet ouvrage est regardé comme un des plus parfaits qu'ait produit la peinture. On ne peut voir sans émotion ce général prêt d'expirer victime d'une cruelle perfidie, se relevant à peine sur son chevet, et laissant échapper ses derniers adieux au milieu de ses amis et de sa famille en pleurs. Ce tableau fut bientôt suivi de celui de *la Prise de Jérusalem par l'Empereur Titus*, sujet qu'il peignit deux fois avec un succès égal.

Le Cavalier del Pozzo, grand amateur des arts, et un des hommes les plus savans de l'Italie, devient un des plus grands admirateurs du *Poussin*. Il le fait connoître à la cour du Pape, il parvient à lui procurer l'occasion de faire un grand tableau pour Saint-Pierre de Rome ; faveur qu'on accordoit gueres aux étrangers, tant a toujours été grande l'admiration des italiens pour les peintres de leur pays. *Le Poussin* fit voir par la maniere avec laquelle il l'exécuta, combien il auroit réussi dans les grandes machines, s'il n'eût pas été forcé de se livrer à des tableaux d'une moindre proportion, pour satisfaire les amateurs envieux de posséder ses ouvrages. Il prouva, quoique borné par de petites espaces, toute l'étendue de son génie, et la grandeur de ses conceptions.

Mais un tableau (1) qui mit à jamais le sceau à sa

---

(1) Il est au Musée Napoléon.

réputation

réputation fut celui de *la Peste des Philistins*. *Le Poussin* fit voir par la force de ses pensées, et l'expression qu'il sut donner aux principales figures, combien il cherchoit à réaliser tout ce qu'on avoit dit de merveilleux des artistes de l'antiquité.

Le Poussin trouve dans le cabinet du *Cavalier del Pozzo* une collection considérable de médailles qu'il étudie avec avidité. C'est dans cette mine féconde, ainsi que dans sa bibliotheque qu'il puise de nouvelles richesses. C'est par cet ami qu'il obtient les manuscrits précieux du savant *Léonard-de-Vinci* dont *Le Poussin* avoue lui-même avoir tiré un si grand parti pour son art. Il fait pour cet amateur *les sept Sacremens* qu'il exécuta une seconde fois après son retour de France en Italie, pour son ami, M. de *Chantelou*, mais sans se répéter, et d'une maniere encore supérieure aux premiers.

Parmi ces tableaux qui formoient la plus belle collection qu'il y eut en France, on doit distinguer celui de *l'Extrême-Onction*, dans lequel *Le Poussin* a su varier à l'infini l'expression de la douleur, et donner à cette touchante cérémonie tout le recueillement de la véritable piété.

Jamais l'esprit humain ne porta l'idée du pathétique à un degré plus éminent. Un vieillard accablé d'années reçoit les dernieres consolations de la religion, et va mourir au milieu de sa nombreuse postérité en pleurs. Fut-il jamais de conception plus belle et plus attendrissante ? C'est particulierement dans ces sortes de tableaux que *Le Poussin* fait voir combien il avoit une haute idée de la dignité des sujets qu'il traitoit, et quelles profondes connoissances il

B

avoit de son art. Il écrivoit à son ami , M. *de Chantelou* , en ébauchant ce chef-d'œuvre ces paroles sur-
prenantes : *» Je sens qu'en vieillissant je suis plus
» enflammé du désir de bien faire ; c'est , disoit-il, un
» sujet tel qu'Appelle l'eût choisi. »*

Ce sont ces fameux tableaux qui ont orné si long-
tems la galerie du duc d'Orléans , et dont on auroit
jamais dû soupçonner la perte dans un pays qui avoit
vu naître *Le Poussin.* La postérité ne croira jamais
qu'un descendant d'un prince , ami des lettres et des
arts, ait pu vendre à vil prix le plus bel ornement de
son palais, et l'un des trésors les plus précieux de la
France ; enfin , une des plus étonnantes productions
de la peinture.

L'*Enlevement des Sabines* est encore un des plus
beaux ouvrages du *Poussin* , soit pour le mérite de
l'exécution , la beauté des expressions , la pureté du
dessin , et la véritable physionomie du peuple romain
naissant. Celui du *Frappement du Rocher* que *Le
Poussin* a peint d'une touche toute différente que le
précédent , ainsi que *la Manne dans le Désert* prou-
vent quelle étoit son habileté à changer de style , et
comme il savoit peindre chaque tableau avec la touche qui convenoit au sujet : tantôt il passe d'un pinceau ferme et imposant à un pinceau doux et moël-
leux. Jamais il ne peignit le Dieu des combats de la
même touche , ni du même pinceau avec lequel il
sut caresser les amours et les graces ; il est aisé de
s'en convaincre par son joli tableau d'*Armide* , où
Renaud endormi , est porté par une troupe d'amours ,
ainsi que par son *Triomphe de Flore.*

Avec quel art il savoit choisir les sujets les plus

propres à la peinture ; comme il y plaçoit à propos les meubles, les armures, les vases propres aux cérémonies, aux tems, aux lieux et aux mœurs des différens peuples. On distingue aisément dans ses tableaux les grecs d'avec les romains, les perses et les égyptiens d'avec les peuples de la *Syrie* et de la *Judée*. On croiroit qu'il a vécu au milieu d'eux, tant il a su saisir leurs usages, leur air ; je dirois presque le visage de ces peuples différens.

Jamais il ne néglige le moindre accessoire, s'il peut contribuer à faire connoître son sujet. Veut-il dans le tableau de *Coriolan* peindre la détresse de Rome assiégée par ses propres enfans, il ne manque pas, pour mieux désigner son sujet, d'y placer la figure de cette ville, dont la Fortune est abattue à ses pieds ? Veut-il indiquer le bruit des eaux dans celui où il a peint *Pirrhus* encore au berceau, arraché à la fureur des Molosses par les plus fideles serviteurs de son pere, qui s'efforçent de sauver cet enfant précieux. Un fleuve se trouve sur leur passage dont les eaux gonflées et bruyantes les empêchent de se faire entendre des habitans de Mégare, qui sont à la rive opposée. Avec quelle adresse *Le Poussin* a trouvé le moyen d'indiquer son sujet ? Il fait voir le Dieu du fleuve qui, penché sur ses eaux les retient et les force à s'élancer en flots écumans ; il n'est pas un tableau de ce maître qui ne présente à l'œil exercé de semblables observations.

Où a-t-il fait paroître une simplicité plus sublime que dans son *Testament d'Eudamidas* ? où s'est-il montré plus noble et plus pathétique que dans *l'Évanouissement d'Esther* devant le roi *Assuerus* ? Où peut-on voir mieux exprimés les différens mouvemens de la colere que dans son *petit Moïse* foulant aux pieds la couronne de *Pharaon* ? Est-il rien de plus poétique que son *Triomphe de Neptune* ayant à ses côtés *Thétis* accompagnée d'une foule de Tritons et de Néréïdes ? Il n'est point de tableau où *Le Poussin* ait plus approché de la maniere des anciens, et dans lequel il ait paru plus pénétré de ce beau idéal, de ce feu divin, si vanté dans leurs ouvrages.

S'il peint des tableaux de paysages, ils représentent toujours des sites heureux ornés de monumens d'un grand style, et dans lequel il sait introduire quelque sujet moral. Est-il rien de mieux pensé et de plus triste à-la-fois que celui où l'on voit le corps de *Phocion* transporté simplement hors de la ville d'Athenes, par ordre du peuple ? *Le Poussin* n'a pas manqué de faire appercevoir dans le lointain cette ville ingrate : (1) tout, jusqu'à la cérémonie religieuse qui se passe dans le fond du tableau, sert à caractériser le jour de la mort de ce grand capitaine. Quels souvenirs mélancoliques ne rappellent pas ce tombeau élevé au milieu des champs de l'Arcadie, regardée par les anciens comme le séjour du bonheur et de la félicité ; *et in Arcadiâ ego*, vérité terrible que ce jeune berger fait remarquer à un jeune homme et à une jeune fille.

Quoique *Le Poussin* ait fait sa principale étude de l'antique à l'exemple de *Raphael* avec lequel il a

---

(1) Le 19 de Mars, jour où les chevaliers faisoient une procession à l'honneur de Jupiter.

une si grande ressemblance , il n'a pas pour cela né-
gligé d'imiter le naturel , comme l'ont prétendu cer-
tains amateurs qui assurent qu'il ne la jamais consulté , et qui vont même jusqu'à vouloir reconnoître
dans ses tableaux les têtes et les statues antiques. A
la vérité , il a su en user avec adresse comme son pré-
décesseur , pour en saisir la beauté des formes et la
pureté du dessin , mais sans jamais s'écarter de la
nature.

La réputation du *Poussin* augmenta tellement que
Louis XIII , frappé de ses grands talens , voulut rendre à la France le trésor que l'Italie lui avoit enlevé.
Il fait faire des instances au *Poussin* pour l'engager
à venir en France ; il lui écrit de sa propre main
une lettre très-honorable pour les arts et pour celui
qui en est l'objet. Le cardinal de *Richelieu* qui con-
noissoit le grand mérite du *Poussin* , se joint au monarque , lui présente sa patrie qui lui tend les bras ,
et lui fait les propositions les plus agréables. *Le
Poussin* , quoique flatté des louanges et de la faveur
du monarque , balança long-tems entre le bonheur
qu'il goutoit en Italie , et les honneurs qui l'attendoient
en France.

Enfin , après plus de deux ans de réflexions et de
résistance , il se décide à quitter Rome , et ce ne fut
qu'à la fin de l'année 1641 qu'il arrive à Paris.
Richelieu va au-devant de lui , l'embrasse et le reçoit
avec cette distinction et ce ton affectueux qu'il avoit
pour tous les hommes d'un grand mérite. Il est logé
honorablement au palais des Tuileries , et bientôt
il est présenté au roi. Le monarque le voit avec bonté,
s'entretient long - tems avec lui , et lui ordonne de

peindre le fameux tableau de *la Cène*, pour le château de Saint-Germain-en-Laye ; et un autre pour celui de Fontainebleau.

Ce fut presque en même-tems qu'il entreprit celui du *Noviciat des Jésuites*. (1) Tableau magnifique, où toutes les belles parties de la peinture se trouvent réunies. La perfection de cet ouvrage ne manqua pas d'élever contre lui les cris tumultueux de la cabale et de l'envie ; la critique s'épuise sur cet admirable tableau. Mais ses ennemis redoublent d'audace lorsqu'il est chargé par le roi de la décoration de la grande galerie du Louvre, dans laquelle il projette de peindre les travaux d'Hercule. Il en fait les exquisses, et se met à ébaucher quelques tableaux. A peine a-t-il commencé, que l'envie et la jolousie viennent l'assiéger de toutes parts ; l'architecte *Le Mercier*, dont il avoit blâmé hautement les ornemens lourds et de mauvais goût placés dans cette galerie, se joint à ses détracteurs.

Ainsi ce grand homme que l'Italie comptoit déjà au rang de ses premiers artistes, qui avoit rempli l'Europe de ses chefs-d'œuvre et de sa gloire, auquel la savante antiquité eût élevé des statues, (2) n'éprouve que dégoûts et découragement ; il est forcé d'abandonner son ingrate patrie. Rebuté d'avoir à combattre les envieux de son mérite, il sollicita un congé, et il quitta la France, à la fin de l'été de 1642.

---

(1) Il est maintenant au Musée Napoléon.

(2) Le gouvernement vient de faire exécuter sa statue en marbre pour être placée au Sénat conservateur.

A peine *Le Poussin* est-il de retour à Rome qu'il apprend la mort du cardinal de *Richelieu*, bientôt suivie de celle du roi. Dès-lors il ne songe plus qu'à jouir en Italie de cette vie tranquille et studieuse, qui seule faisoit ses délices, et il renonce pour jamais au projet de revenir en France. De retour dans cette patrie de prédilection, il se livre encore avec plus d'ardeur à l'exercice de son art, et il entreprend pour le seconde fois *les sept Sacremens*, dont le dernier arriva en France, en 1648.

Après une longue suite de travaux, il fait encore, en 1662, un tableau de *la Samaritaine* pour M. *de Chantelou*, et il écrit à cet ami, en le lui envoyant, ces paroles affligeantes : » *Je sens que je touche à* » *ma fin, et que c'est le dernier tableau que je ferai* » *pour vous.* » Ses infirmités augmentent de jour en jour. Presqu'au même moment, la perte de sa femme vient mettre le comble à ses douleurs.

Le Poussin ne peignoit presque plus, sa main tremblante refuse d'obéir à son génie qui a sonservé toute sa vivacité ; cependant il a encore le courage d'achever les quatre paysages qu'il avoit commencé, dès l'an 1660, et dans lesquels il a représenté les quatre saisons ornés de sujets de la Bible. Il est aisé de voir par la touche molle de ces tableaux, mais où les pensées se ressentent toujours de la grandeur de son génie, combien la santé du *Poussin* dépérissoit chaque jour.

Mais par un dernier effort qui n'a peut-être pas d'exemple dans les arts, *Le Poussin* termina sa carrière par un prodige qu'on ne se lassera jamais d'admirer, son DÉLUGE UNIVERSEL. Quelles profondes impressions ne laisse pas dans l'ame cet étonnant tableau où toute la nature va se dissoudre : comme *Le Poussin* s'est pénétré de ce moment terrible ? Le spectateur reste muet, interdit, devant ce chef d'œuvre ; il manque d'expressions pour en exalter les sublimès et affreuses beautés.

Nous touchons, Messieurs, au moment où *Le Poussin* va cesser de vivre, moment terrible pour les arts. Sa santé s'affaiblit de plus en plus, une seconde paralysie lui ôte totalement l'usage des mains..........

Ce grand homme, auquel son génie survit encore, attend avec patience et résignation le moment fatal où son ame va quitter sa dépouille mortelle. *Le Poussin* n'est déjà plus ; la mort l'a frappé à l'âge de soixante et onze ans, en 1665.

Cette nouvelle répandit un deuil universel dans Rome. Tous les amateurs et les artistes s'empresserent de lui rendre les derniers devoirs ; mais ce fut avec la même simplicité qui avoit caractérisé la vie entiere de ce grand homme. Tous les poëtes de l'Italie célébrerent cette perte irréparable ; je me contenterai de citer ces quatre vers du poëte *Bellori*, dont le style simple et noble s'accorde si bien avec celui qui en est l'objet.

Parce piis lachrimis ; vivit pussinus in urna,
Vivere qui dederat, nescius ipse mori :
Hic tamen ipse silet ; si vis audire loquentem,
Mirum est, in tabulis vivit et eloquitur.

Aux grands talens pour son art *Le Poussin* joignit encore de grandes vertus morales et domestiques. La
simplicité

simplicité de ses mœurs, et son désintéressement sont sans exemple. Il vécut dans une honnête médiocrité, se souciant moins des faveurs de la fortune que des honneurs qu'il acquéroit par l'exercice de son art, qui eût pu lui produire de grands biens ; mais son peu d'amour pour les richesses fut tel, qu'étant dans l'usage de fixer lui-même le prix de ses tableaux, il lui est arrivé souvent de renvoyer le surplus de la somme demandée.

Jamais on ne le vit briguer les faveurs des grands, avec lesquels il n'étoit point embarassé ; il sembloit être encore avec eux au-dessus de lui-même par la force et la noblesse de ses discours. S'il étoit consulté, il disoit volontiers son sentiment toujours avec franchise, mais avec beaucoup de graces et d'honnêteté.

J'ai dit que *Le Poussin* avoit reçu de la nature toutes les qualités de l'esprit et du corps ; en effet, il étoit d'une taille avantageuse et d'un tempéramment robuste. Sa physionomie qui avoit quelque chose de grand et de noble, répondoit parfaitement à la bonté de son cœur, et à la justesse de son esprit. Son regard étoit vif et spirituel ; son front spacieux ; la couleur du visage un peu brune, et les cheveux noirs. Les moindres détails deviennent intéressans dans un grand homme, et contribuent à le caractériser. Doué d'un génie brillant, orné de toutes les richesses de la poésie, ses conceptions furent toujours grandes et accompagnées de cette noble simplicité qui ne se trouve que dans ses ouvrages.

Je ne répéterai point les anecdotes trop connues de sa vie privée, je dirai seulement qu'il n'eut point d'enfans auxquels il pût transmettre sa gloire , mais ses ouvrages immortels lui tiennent lieu de progéniture ; ils n'existeront plus , que son nom répété avec celui d'*Appelles*, se perpétuera d'âge en âge.

Son admiration pour *Raphaël* ne l'empêcha pas d'avoir beaucoup d'estime pour d'autres artistes habiles , tels que *le Titien* , les *Carraches* , le *Dominiquin* , dont il ne pouvoit se lasser d'admirer le talent à rendre les véritables expressions de l'ame. Mais quelqu'amour qu'il eût pour toutes les parties de l'art , il étoit toujours entraîné malgré lui vers la correction du dessin qu'il regardoit comme le principal mérite d'un grand peintre ; aussi lui vit-on sacrifier le charme du coloris qu'il avoit puisé dans les ouvrages du *Titien* , et qui se remarque dans ses premiers tableaux.

Encore un dernier trait qui acheve de caractériser la simplicité et la modestie du *Poussin* , qui fait voir quelle estime il avoit pour *Raphael* , et combien il se plaçoit au-dessous de ce grand homme : écoutons sa réponse à M. *de Chantelou* qui lui demandoit un tableau pour en accompagner un de *Raphael*. ,, Je ,, crains , dit ce grand homme , que ma main trem- ,, blante ne puisse en approcher , et si j'entreprends ,, cette tâche difficile ; c'est à condition que mon ta- ,, bleau ne sera point placé à côté de celui de *Raphael*, ,, mais seulement pour lui servir de couverture. ,, Paroles admirables du *Poussin* , dont toute la vie fut un modele de modestie et de sagesse.

Je ne puis terminer , Messieurs , l'éloge du *Poussin* sans faire un rapprochement bien naturel avec le grand homme dont nous honorons aujourd'hui la mémoire.

Ils furent grands tous les deux, et marcherent d'un pas égal à l'immortalité.

Pierre Corneille vint au monde peu d'années après *Le Poussin*, ils furent comtemporains et illustrerent ce siecle si fameux dans nos annales.

La même patrie fut leur berceau. Heureuse et antique Neustrie, tu vis naître dans ton sein ces deux hommes extraordinaires, qui, jusqu'ici, sont restés inimitables. La nature, en leur imprimant le sceau du génie, les destina à éclairer leurs semblables, l'un fit parler dans ses vers immortels, les romains avec toute l'énergie et la grandeur de ce peuple à jamais célebre ; l'autre a rendu, par la noblesse de ses pensées et la force de ses conceptions, sur la toile, les mêmes hommes auxquels il a donné une nouvelle vie.

Rendons, Messieurs, notre tribut d'hommages à ces deux hommes dignes des siecles de Rome et d'Athênes, et qu'une seule et même couronne soit décernée à leur mémoire dans la personne du *Grand Corneille*.